Inhalt

Branchenreport TOURISMUS Ausgabe 1/2013

GENIOS BranchenWissen Nr. 05 vom 06.05.2013

Branchenreport TOURISMUS Ausgabe 1/2013

Markus Hofstetter

Kernthesen

- 2012 gaben die Deutschen insgesamt über 83 Milliarden Euro für Urlaubsreisen aus.
- Deutschland wird als Reiseziel für internationale Gäste immer beliebter.
- Das Gastgewerbe bestehend aus Hotels, Restaurants und Kantinen hat 2012 den Umsatz das dritte Jahr in Folge gesteigert.
- Während 2012 die Zahl der Passagiere bei Hochseekreuzfahrten stieg, gingen weniger Menschen auf eine Flusskreuzfahrt.
- Der öffentliche Personenverkehr in Deutschland verzeichnete 2012 einen neuen Rekord.

- Auf den deutschen Flughäfen entwickelte sich die Passagierzahl nur im Auslandsverkehr positiv, der Inlandsverkehr war im Minus.

Beitrag

Deutsche Urlauber: Reiseausgaben erreichen Rekordniveau

Die Urlaubsausgaben der Deutschen erreichten nach Angaben der Forschungsgemeinschaft Urlaub und Reisen (FUR) 2012 einen neuen Rekordwert. Rund 63 Milliarden Euro gaben die Bundesbürger 2012 für Reisen von fünf Tagen und länger aus. Dies entspricht einem Plus von vier Prozent gegenüber dem Vorjahr. Pro Person und Reise bedeutete das 914 Euro. Hinzu kamen Ausgaben für Kurzreisen in Höhe von 20,1 Milliarden Euro, im Vorjahr waren es noch 18,7 Milliarden Euro. Stabil war das Gesamtvolumen von knapp 70 Millionen Urlaubsreisen, die länger als fünf Tage dauerten. Die Anzahl der Kurzreisen stieg um 1,4 Millionen auf knapp 80 Millionen. Entgegen dem langjährigen Trend zu immer kürzeren Urlauben ging die durchschnittliche Reisedauer 2012 nicht weiter zurück. Verreisten die Deutschen im Jahr 2000 noch 13,8 Tage, waren es 2011 gerade einmal noch 12,4 Tage. 2012 betrug der Wert dagegen wieder 12,6 Tage.

Wenig Bewegung gab es 2012 bei den Reisezielen. 31 Prozent aller Urlaubsreisen gingen nach Deutschland, dahinter folgten Spanien, Italien, die Türkei und Österreich. Insgesamt stieg 2012 die Zahl der Fluggäste aus Deutschland mit Auslandsziel laut dem Statistischen Bundesamt um 2,8 Prozent auf 77,3 Millionen. Das beliebteste Flugziel blieben die Balearen. Mallorca und Co. feierten mit einem Plus von 3,6 Prozent auf 4,1 Millionen Passagieren aus Deutschland einen Rekord. In Europa musste Griechenland die größten Rückgänge verkraften. Aus Deutschland kamen noch 2,06 Millionen Fluggäste in das Land, ein Zehntel weniger als ein Jahr zuvor. Überdurchschnittlich legten asiatische Ziele zu. (1), (2)

Laut einer Studie der Commerzbank gaben die Deutschen mehr Geld für den Urlaub im Ausland aus. Knapp 64 Milliarden Euro ließen sie sich 2012 die Reisen in andere Länder kosten, so viel wie nie zuvor. Lediglich Chinesen und Amerikaner gaben noch mehr Geld für den Urlaub im Ausland aus. Fast ein Drittel des Geldes, das Deutsche für Auslandsreisen ausgaben, floss nach Spanien, Österreich und Italien. Überdurchschnittlich viele deutsche Touristen fuhren in die Türkei. 4,3 Milliarden Euro ließen sie in dem Land am Bosporus, zehn Prozent mehr als noch 2011. Damit gaben die Deutschen erstmals mehr Geld für einen Urlaub in der Türkei aus als in Frankreich. Steigende Einkommen der Haushalte sollen 2013 für mehr Privatreisen sorgen. Die Commerzbank prognostiziert, dass die Deutschen in diesem Jahr vier Prozent mehr, also 66 Milliarden Euro, für Auslandsreisen ausgeben werden. Das wäre wieder ein Rekord.

Der ADAC hat seine Mitglieder nach ihren Urlaubsplanungen für 2013 befragt. Laut dem ADAC-Reisemonitor 2013 wollen 16,1 Prozent der Befragten in die Ferne reisen. Dabei sind die USA das beliebteste Fernreiseziel. Ägypten nimmt in der Gunst der Fernreisenden derzeit Platz zwei ein. Es folgen die Karibischen Inseln. Gleich beliebt sind die Regionen Vorderer und Mittlerer Orient, Australien/Neuseeland/Südsee sowie Südamerika. (3), (4), [Abb. 1], [Abb. 2]

Internationaler Reisemarkt: mehr als eine Milliarde Touristen weltweit

Nach Aussage der World Tourism Organization

(UNWTO) wurde 2012 die magische Zahl von einer Milliarde Touristen erreicht. 1990 waren es noch 435 Millionen Reisende. Bis 2030 sollen bei einem durchschnittlichen Wachstum von jährlich 3,3 Prozent weltweit 1,8 Milliarden Touristen unterwegs sein. Der Tourismus ist einer der weltweit bedeutendsten Wirtschaftszweige geworden. In den Industrie- und Schwellenländern arbeitet bereits jeder zwölfte Beschäftigte direkt oder indirekt im Touristiksektor.

Europa und Amerika werden laut der UNWTO-Prognose weiter Marktanteile zugunsten der Schwellen- und Entwicklungsländer verlieren, speziell an Nordostasien und Südasien, den Nahen Osten und Afrika. Dementsprechend werden die internationalen Ankünfte in den Schwellen- und Entwicklungsländern mit jährlich 4,4 Prozent doppelt so schnell wachsen wie in den entwickelten Ländern mit 2,2 Prozent. Damit werden Schwellen- und Entwicklungsländer 2015 erstmals mehr internationale Touristen empfangen als die entwickelten Länder der Welt. (5), (6)

Geschäftsreisen: Frauen haben andere Bedürfnisse als ihre männlichen Kollegen

Die Ausgaben für Geschäftsreisen sind nach Personal und IT der drittgrößte Etat in den deutschen Unternehmen. Deswegen lohnt es sich für die Arbeitgeber, einen genauen Blick auf diesen Ausgabenbereich zu werfen. Laut einer Umfrage des Verbands Deutsches Reisemanagement (VDR) wollen die Unternehmen dabei vor allem bei Übernachtungen sparen. Dies widerspricht jedoch den Ergebnissen der Geschäftsreiseanalyse 2013. Demnach lassen zwar 53 Prozent der befragten Firmen Mitarbeiter in der 3-Sterne-Mittelklasse nächtigen. 5-Sterne-Herbergen haben jedoch von 2011 auf 2012 von drei Prozent auf sechs Prozent aufgeholt. Während Business-Gäste bisher vom 4- in den 3-Sterne-Bereich abgewandert sind, konnte die Luxusklasse also wieder Gäste zurückgewinnen. Ein Grund für die Diskrepanz ist, dass die Umfrage lediglich die Dienstreiseverantwortlichen in deutschen Großunternehmen mit mehr als 1 500 Mitarbeiter berücksichtigt. Mittelständische Industrie, Handel und Dienstleistung, die bei den Übernachtungen sparen, kommen darin wenig vor.

Ein zu wenig berücksichtigter Aspekt bei Geschäftsreisen sind die Bedürfnisse von Frauen. Diese unterscheiden sich laut VDR zum Teil deutlich von denen ihrer männlichen Kollegen. Frauen wollen gesündere Produkte auf dem Frühstücksbüfett, bessere Beleuchtung und einen Schminkspiegel im

Badezimmer. Auch bevorzugen weibliche Hotelgäste Zimmer, die zentral gelegen sind und nicht am Ende eines Hotelflurs liegen. Türspione, verlässliche Türschlösser und Sperrketten geben Frauen mehr Sicherheit. Ebenfalls bei Frauen beliebt sind beleuchtete Parkplätze, kurze, hell ausgeleuchtete Wege bis zum Hoteleingang, eine große Schreibtischfläche sowie eine übersichtliche Bedienung von Fernseher oder Klimaanlage. (7), (8)

Internet: Anbieter müssen Zielgruppe genau definieren

Nach Angaben des Verbands Internet Reisevertrieb (VIR) sind Bewertungen, ob auf Portalen wie Holidaycheck und Tripadvisor oder integriert auf Anbieter-Sites, ein wichtiges Entscheidungskriterium für Kunden. Für 94 Prozent der Reisenden zählt das Internet inzwischen zum Standardrepertoire der Reiseplanung, selbst wenn die Buchung letztlich noch offline erfolgt. Die Bewertungsfunktion ist ein Faktor, der den Siegeszug der Online-Reiseportale zum Teil erklärt. Der wohl wesentlichere ist die Preistransparenz, die dadurch Einzug gehalten hat.

Da praktisch alle Buchungsportale auf der gleichen Software, der Internet Booking Machine von Traveltainment, basieren, stellt sich aber die Frage, wie sie sich voneinander abgrenzen. Diese Abgrenzung erfolgt einerseits durch individuelle Zusatzinformationen, andererseits durch unterschiedliche Zielgruppen. Letzteres wiederum setzt unterschiedliches Marketing voraus. Ein Beispiel ist Opodo. In den Anfangsjahren war Opodo in der deutschen TV-Werbung sehr präsent. Heute dagegen setzt das Unternehmen in erster Linie auf Suchmaschinen- und Affiliate-Marketing sowie Social Media. Der Schwerpunkt liegt bei Flügen und Städtereisen, die Kernzielgruppe bei den gebildeten Besserverdienenden zwischen 30 und 55 Jahren. Mit Menschen, die ein Hotel buchen wollen oder müssen, hat HRS eine klare Zielgruppe. 60 Prozent der HRS-Kunden sind Geschäftsreisende. Immer größere Marktanteile hat sich das Unternehmen mit dieser klaren Positionierung in den vergangenen Jahren gesichert. Inzwischen entfällt mehr als die Hälfte der Hotelbuchungen in Deutschland auf HRS und seine Tochter Hotel.de. (9)

Incoming: Wachstumsschub für Reiseziel Deutschland

Deutschland wird als Reiseziel attraktiver für Ausländer. Mit mehr als 30 Millionen Ankünften von ausländischen Gästen 2012 gehört die Bundesrepublik laut der Commerzbank Studie zu den sechs beliebtesten Reisezielen weltweit. 68,8 Millionen Übernachtungen ausländischer Besucher zählte das Statistische Bundesamt insgesamt. Das sind 8,1 Prozent mehr als 2011. Die ausländischen Gäste gaben dabei rund 29 Milliarden Euro in Deutschland aus. Das entspricht einem Plus von mehr als fünf Prozent. Jeder dritte Euro stammt dabei erfahrungsgemäß von Geschäftsleuten.

Dabei gewinnen auch Shoppingurlaube an Popularität. Der Einzelhandel verbuchte 2012 rund 1,5 Milliarden Euro Umsatz durch ausländische Gäste von außerhalb der EU, die umsatzsteuerfrei einkaufen können. Das entspricht einem Plus von 46 Prozent. Unter den Touristen, deren Anzahl sprunghaft angestiegen ist, sind Russen, Araber und Schweizer, aber auch Chinesen. (1), (3)

Gastgewerbe: steigert wieder den Umsatz

Das Gastgewerbe bestehend aus Hotels, Restaurants und Kantinen hat 2012 den Umsatz das dritte Jahr in Folge gesteigert. Es nahm nach Angaben des Branchenverbandes Dehoga rund 66,7 Milliarden Euro ein und damit 2,1 Prozent mehr als im Jahr zuvor. Für 2013 gibt sich der Verband vorsichtig optimistisch und setzt auf 1,8 Prozent mehr Umsatz.

Die Hoteliers haben dabei besser abgeschnitten als die Gastronomen. So stiegen die Erlöse der klassischen Hotellerie, also der Hotels, Hotels garnis, Gasthöfe und Pensionen, 2012 nominal um 3,2 Prozent. Auch real steht mit 1,5 Prozent noch ein deutliches Plus. Dagegen verzeichnete das Gaststättengewerbe nominal nur ein Umsatzwachstum um 1,2 Prozent nominal, real wurde ein Minus von 0,8 Prozent verzeichnet. Eine positive Ausnahme unter den Gastronomen stellen nicht zum ersten Mal die Caterer und Anbieter sonstiger Verpflegungs-Diensleistungen dar. Diese Gruppe steigerte ihren Umsatz nominal um 3,1 Prozent und real um 1,2 Prozent.

Was die absoluten Umsatzzahlen betrifft, ist die Gastronomie das Schwergewicht im Gastgewerbe. Die Gaststätten haben 2012 mit 36,9 Milliarden Euro deutlich mehr umgesetzt als das Beherbergungsgewerbe mit 22,5 Milliarden Euro sowie Pachtkantinen und Caterer mit 5,9 Milliarden Euro. (10), (11), (12), [Abb. 3]

Kreuzfahrten: Seereisen nehmen Flusskreuzfahrten die Kunden

Nach Angaben des Deutschen Reiseverbandes (DRV)

machten 2012 mehr als 1,5 Millionen Deutsche eine Hochseekreuzfahrt. Dies entspricht einem Plus von 11,2 Prozent gegenüber 2011. Sie gaben im Durchschnitt 1 710 Euro pro Schiffsreise aus und waren 9,2 Tage unterwegs, womit die Branche auf dem Niveau von 2011 liegt. Der Gesamtumsatz der Branche kletterte um 11,3 Prozent auf 2,6 Milliarden Euro. Das Plus hat seine Ursache also nicht in höheren Preisen, sondern weil mehr Schiffe und mehr Gäste auf den Meeren unterwegs waren. Am liebsten durchkreuzten die Bundesbürger wie 2011 das westliche Mittelmeer, Nordland und das östliche Mittelmeer.

Wie entwickelte sich der Verdienst der Anbieter von Hochseekreuzfahrten? Dies ist nicht einfach zu ermitteln. Auf der einen Seite reduzierten höhere Treibstoffkosten und schärfere Emissionsauflagen den Gewinn der Branche. Da aber mehr Passagiere von deutschen Häfen wie Hamburg oder Warnemünde aus in See gestochen sind, fiel die teure Anreise weg. Diese kann für Karibikkreuzfahrten bis zur Hälfte des Reisepreises ausmachen. Damit blieb mehr Geld bei den Anbietern hängen. (13), (14)

Im Segment der Flusskreuzfahrten nahm 2012 erstmals seit 2006 die Zahl der Passagiere ab. Sie schrumpfte um 5,4 Prozent auf knapp 440 000. Der durchschnittliche Reisepreis sank um 32 Euro auf 1

034 Euro, die durchschnittliche Reisedauer von 7,6 Tage auf 7,5 Tage. Liebstes Revier der Flusskreuzfahrer bleib die Donau. Der Rhein mit seinen Nebenflüssen schob sich vor den Nil an die zweite Stelle. Viele Ursachen für den Passagierrückgang liegen außerhalb des Einflussbereichs der Anbieter. So ließen politisch bedingte Unruhen in Ägypten die Nachfrage nach dem Dauerbrenner Nil-Kreuzfahrt einbrechen. Nahezu 50 Prozent der ausbleibenden Buchungen sind diesem Krisenherd zuzuschreiben. Zudem haben die deutlich erschwerte Visaregelung für Flussreisende in Russland und die Irritationen um die Mehrwertsteuererhöhung auf Flussreisen von sieben auf 19 Prozent die Nachfrage beeinträchtigt. Des Weiteren haben die nach dem Costa-Unglück vermehrt aufgetretenen Billigangebote von Anbietern von Hochseekreuzfahrten Reisewillige vom Fluss auf das Meer gelockt. (13), (15)

Nah- und Fernverkehr: immer mehr Menschen sind unterwegs

Im öffentlichen Personenverkehr waren im Jahr 2012 mehr Menschen unterwegs als jemals zuvor. Dabei setzte sich das starke Wachstum im Fernverkehr mit Bussen und Bahnen fort, während der Nahverkehr weniger intensiv zunahm.

Im Nahverkehr mit Bussen und Bahnen unternahmen die Fahrgäste nach Angaben des Statistischen Bundesamtes rund 10,9 Milliarden Fahrten. Das sind 0,5 Prozent mehr als im Jahr 2011. Das Wachstum resultierte vor allem aus einer Zunahme im Nahverkehr mit Eisenbahnen, einschließlich der S-Bahnen, die mit einem Plus von 2,6 Prozent überdurchschnittlich zulegten. Dagegen veränderte sich die Nutzung von Straßen-, Stadt- und U-Bahnen mit plus 0,1 Prozent und von Bussen mit minus 0,2 Prozent nur geringfügig.

Der Fernverkehr wuchs stärker als der Nahverkehr: Mit der Eisenbahn fuhren Fernreisende 131 Millionen Mal, das waren 4,5 Prozent mehr Fahrten als im Jahr 2011. Das prozentual größte Wachstum verzeichnete der Omnibus-Linienverkehr auf längeren Strecken mit einer Steigerungsrate von 5,1 Prozent auf 2,5 Millionen Reisende. (16), (17)

Luftverkehr: deutscher Rekord beim Auslandsverkehr

Die Zahl der Fluggäste im Auslandsverkehr auf deutschen Airports hat 2012 einen Rekord erreicht. Laut dem Statistischen Bundesamt starteten von Deutschland aus oder landeten hier insgesamt 155,1

Millionen Passagiere. Dies war ein Plus von 2,8 Prozent im Vergleich zu 2011. Der Inlandsverkehr hingegen ging um 3,7 Prozent auf 23,5 Millionen Passagiere zurück. Insgesamt gab es damit 178,6 Millionen an- und abfliegende Passagiere an den Flughäfen - ein Anstieg um 1,9 Prozent.

Der Branchenverband IATA erwartet, dass Fluggesellschaften in aller Welt 2013 unter dem Strich 10,6 Milliarden US-Dollar Gewinn einfliegen. Die weltweiten Umsätze der Luftfahrtbranche sollen sich auf 671 Milliarden Dollar belaufen. In Europa, wo Gesellschaften von Air France-KLM bis Air Berlin gegen Verluste ankämpfen, rechnet die IATA mit einem Nettogewinn von 800 Millionen Dollar. Den Löwenanteil des Branchengewinns erwartet die IATA 2013 erneut aus der Asien-Pazifik-Region. Auf dem stark wachsenden Luftfahrtmarkt dürften die dortigen Gesellschaften einen Profit von 4,2 Milliarden Dollar einfliegen. In Nordamerika, wo die Branche durch Insolvenzen und Fusionen geschrumpft ist, erwartet die IATA einen Profit von 3,6 Milliarden Dollar. Auch in Afrika, Nahost und Lateinamerika rechnet der Verband mit schwarzen Zahlen. (18), (19)

Trends

Mobile - immer mehr Deutsche buchen per Smartphone und Tablet

Starke Impulse für den E-Commerce werden durch die zunehmende Nutzung mobiler Endgeräte erwartet. Diese gilt auf für den Reisemarkt. Laut FUR-Reiseanalyse haben 2012 rund zwölf Prozent der Deutschen eine Urlaubsleistung über ein mobiles Endgerät gebucht. 32 Prozent nutzten Smartphones und Tablets für die Urlaubsplanung. Die Forscher der GFK gehen davon aus, dass 2012 bereits 1,1 Millionen Reisebuchungen in Deutschland über mobile Endgeräte getätigt worden sind. (20)

Gay-Tourismus: Markt mit unerschlossenem Potential

Sie machen nur sieben bis zehn Prozent der Bevölkerung aus, ihr Anteil an den Reiseausgaben ist aber mit 15 bis 20 Prozent rund doppelt so hoch. Sie reisen öfter, mehr als 90 Prozent von ihnen mehr als einmal im Jahr, ihr Marktanteil an den Kurzreisen erreicht fast 40 Prozent. Ihr Urlaubsbudget ist rund 50 Prozent höher als der Durchschnitt. Was Schwule und Lesben für die Reisebranche so attraktiv macht, ist bekannt: "Double Income - No Kids" ermöglicht großzügigere Ausgaben. Große Reiseveranstalter wie beispielsweise Dertour legen für diese Zielgruppe eigene Kataloge auf.

Wie sieht ein erfolgreiches "Gay Friendly" Angebot im Tourismus aus? Die erotische Komponente spielt eine eher geringere Rolle als im Heterobereich. Für Schwule und Lesben stehen der Wunsch nach Respekt und Toleranz im Vordergrund. Schwulenfreundliche Angebote verlangen kaum spezielle Einrichtungen. Die Affinität zeigt sich im Umgang mit den Gästen. Ein Beispiel ist, wenn zwei Männer in einem Doppelzimmer einchecken. Sie erhalten meist fast automatisch eines mit getrennten Betten. Um ihnen die eventuelle Peinlichkeit zu ersparen, nachträglich um eine Änderung zu bitten, sollte man sie vorher fragen, wie sie es gerne hätten. (21)

Zahlen & Fakten

Abbildung 1: Lieblingsziele der Deutschen

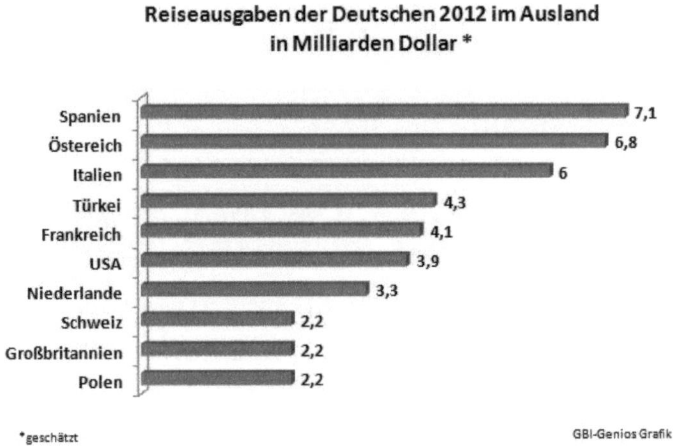

Quelle: Commerzbank Research Entnommen aus: Der Tagesspiegel, 21573/2013, S. 15, (3)

Abbildung 2: So urlauben die Deutschen

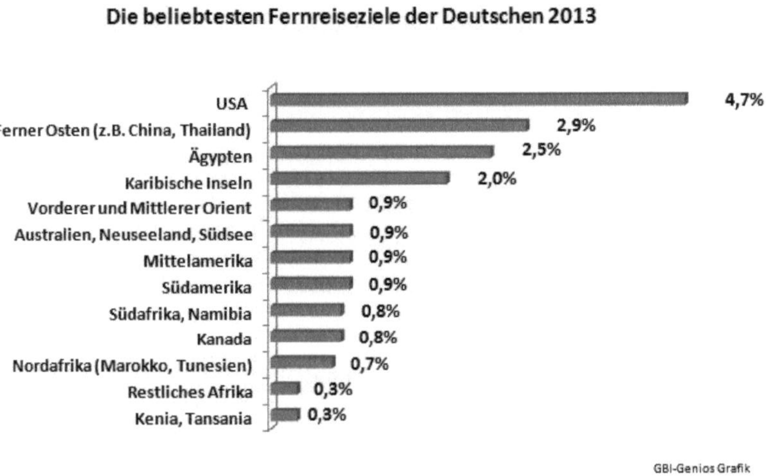

Quelle: ADAC Reisemonitor 2013 Entnommen aus:

DIE WELT, 53/2013, S. 10, (4)

Abbildung 3: Größeres Plus in der Hotellerie

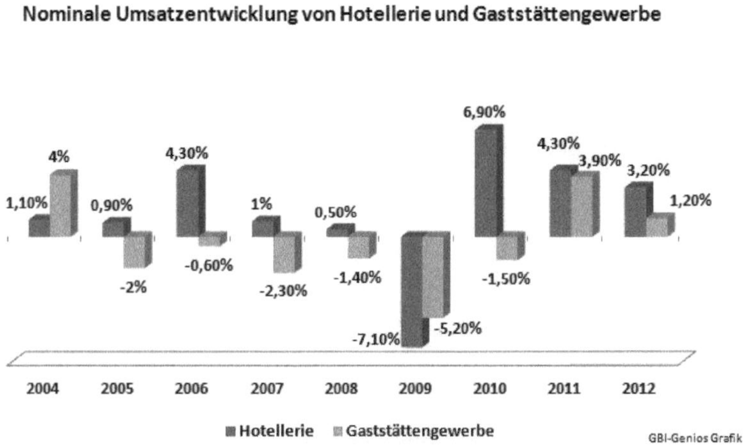

Quelle: Statistisches Bundesamt/DEHOGA
Entnommen aus: Allgemeine Hotel- und Gastronomie-Zeitung, 9/2013, S. 17, (11)

Weiterführende Literatur

(1) Deutsche Urlauber gaben 2012 mehr Geld aus denn je
aus SPIEGEL ONLINE

(2) Deutschland ist beliebt wie nie
aus WELT AKTUELL, 07.03.2013, Nr. 47, S. 6

(3) Deutsche im Reisefieber // Die Ausgaben für

Auslandsaufenthalte steigen
aus Der Tagesspiegel Nr. 21573 VOM 16.01.2013 SEITE 015

(4) Die Reisekasse ist so voll wie nie
aus DIE WELT, 04.03.2013, Nr. 53, S. 10

(5) Milliarden auf Achse
aus Bilanz Nr. 1 vom 11.01.2013 Seite 53

(6) Neue Destinationen sind im Tourismus-Wachstum
aus "medianet" Nr. 1601/2012 vom 14.12.2012 Seite: 56

(7) Business-Kunden sparen beim Hotel
aus Allgemeine Hotel- und Gastronomie-Zeitung 10 vom 09.03.2013 Seite 013

(8) Die Wunschliste geschäftsreisender Frauen
aus fvw Nr. 03 vom 01.02.2013 Seite 049

(9) Den Fisch in das Netz locken
aus Horizont 09 vom 28.02.2013 Seite 026

(10) Mehr Umsatz im Gastgewerbe
aus Süddeutsche Zeitung, 16.02.2013, Ausgabe München, Bayern, Deutschland, S. 23

(11) Plus im Gastgewerbe
aus Allgemeine Hotel- und Gastronomie-Zeitung 09 vom 02.03.2013 Seite 017

(12) Hotels profitieren vom Städtereisen-Boom
aus Handelsblatt online vom 15.03.2013

(13) Beste Laune an Bord // Reedereien waren 2012 durch Havarien gebeutelt. Doch Kreuzfahrt-Passagiere schreckte das nicht ab
aus Der Tagesspiegel Nr. 21633 VOM 17.03.2013 SEITE R03

(14) Kreuzfahrten sollen teurer werden
aus Frankfurter Allgemeine Zeitung, 08.03.2013, Nr. 57, S. 16

(15) Ratlos unterwegs
aus fvw Nr. 14 vom 06.07.2012 Seite 58

(16) BILANZ 2012: PERSONENVERKEHR LEGT ZU
aus Omnibus Revue, Heft 03/2013, S. 6

(17) Schienen-Liebe: Immer mehr Menschen fahren mit der Bahn
aus MOTOR-INFORMATIONS-DIENST vom 06.Februar 2013

(18) Auslandsverkehr deutscher Airport mit Passagierrekord
aus Handelsblatt online vom 25.02.2013

(19) Luftfahrtbranche erwartet mehr Gewinn
aus manager-magazin.de vom 20.03.2013

(20) MEHR CHANCEN FÜR PORTALE UND VERANSTALTER
aus fvw Nr. 06 vom 13.03.2013 Seite 057

(21) Erfolg im Gay-Tourismus

aus Tourismuswirtschaft Austria & International Nr.2148/13 vom 15.03.2013, Seite ALL hotel & gastronomie"T.A.I." Nr. 2148/13 vom 15.03.2013 Seite: 9

Impressum

Branchenreport TOURISMUS Ausgabe 1/2013

Bibliografische Information der deutschen Nationalbibliothek

Die Deutsche Nationalbibliothek verzeichnet diese Publikation in der deutschen Nationalbibliografie; detaillierte bibliografische Daten sind im Internet über http://dnb.d-nb.de abrufbar.

ISBN: 978-3-7379-1942-5

oder ähnliche Einrichtungen und die Einspeicherung und Verarbeitung in elektronischen Systemen.